MW01595580

40315104R00082

Made in the USA
Lexington, KY
31 March 2015